Eisenbahn-Kurier – Verlag der Eisenbahnfreunde

Norbert Eifler

Der Langenschwalbacher
Geschichte eines außergewöhnlichen Reisezugwagens

Band 1 der Reihe „Reisezugwagen"

Titelfoto:
BC4i-Pr11 035 928 Ffm, gebaut als 246 Frankfurt,
am 29. August 1957 in Weinheim/Bergstraße.

Foto: Dr. Scheingraber

ISBN 3-88255-656-0
Eisenbahn-Kurier Verlag GmbH · Postfach 55 60 · 7800 Freiburg
Alle Rechte, auch des auszugsweisen Nachdrucks, vorbehalten
© Eisenbahn-Kurier Verlag GmbH 1978 · Printed in Germany
Satz: EK · Gesamtherstellung: Heinrich Möller Söhne GmbH, Rendsburg

Inhaltsverzeichnis

Einleitung 7

Die Langenschwalbacher 8

Aufstellung der Wagen Bauart Langenschwalbach 20

Wagenskizzen 25

Bildteil 49

Verzeichnis der Bildurheber 6

Literaturquellen 6

Verzeichnis der Bildurheber

Dirk Auffermann	12, 21, 48, 49, 51, 55, 56
Carl Bellingrodt	18, 23, 28, 37, 40
Joachim Claus	8, 15, 16, 19, 22, 32, 38, 43, 44, 45
Dr. Cohausz	9, 14
Norbert Eifler	29, 58
Sammlung Norbert Eifler	5, 6, 7, 47, 54
Winfried Gronwald	20
Michael Haubner	41, 52
G. Herfeldt	33, 34
Sammlung Koers	11, 30, 36
Emil Konrad	17, 31, 39, 42
Ernst-Günter Lichte	25
Günter Schablin	24
Dr. Scheingraber	1, 10, 13
Klaus Schulte	26, 27, 35, 50, 53, 57
Stadtarchiv Bad Schwalbach	4
H. + H. Urselmann	46
Werkfoto Esslingen	2
Werkfoto van der Zypen & Charlier	3

Literaturquellen

Born, Lokomotiven und Wagen der Deutschen Eisenbahnen, Heidelberg 1958
Born, Zur Entwicklung des Eisenbahnpersonenwagens in Deutschland, in:
 Organ f.d. Fortschritt des Eisenbahnwesens, 1935, Heft 24, S. 503-511
Dost, Die Langenschwalbacher Bahn, Lokmagazin Nr. 78
Littrow, Übersicht der in Chicago 1893 ausgestellten Personen-, Post- und
 Gepäckwagen, in: Organ f.d. Fortschritt des Eisenbahnwesens, 1894, S. 247
Petri, Die Lokomotiven und Wagen der Preußischen Staats-Eisenbahn-Verwaltung
 in Chicago, in: Organ f.d. Fortschritt des Eisenbahnwesens, 1894, S. 90
Schrader, Personenwagen für Haupt- und Nebenbahnen, in: Eisenbahntechnik der
 Gegenwart I
Wagner/Kroschwald, Reisezugwagenarchiv, Berlin 1972

Einleitung

Vielen Eisenbahnfreunden, besonders den Älteren unter uns, sind sie hier und da begegnet, diese etwas von dem üblichen Bauschema abweichenden Wagen mit Übergängen und kurzen Drehgestellen. „Langenschwalbacher" nennen Fachleute diese Fahrzeuge, und auch die Modellbahnindustrie hat sich ihrer schon angenommen.

Mit dieser Schrift wird der Versuch unternommen, alles Wissenswerte über die Geschichte dieser Wagenbauart zusammenzustellen und festzuhalten, alle Fahrzeuge aufzulisten und die unterschiedlichen Baureihen in Zeichnung und Bild vorzustellen.

Dank sagen möchte ich vor allem Herrn Dr. Cohausz, Essen, der mich mit seinem großen Fachwissen und der von ihm zusammen mit Herrn Koers geleisteten Vorarbeit der Auflistung sehr unterstützt hat. Weiterhin danke ich allen, die ihre Fotos für diese Veröffentlichung zur Verfügung gestellt haben, denn es war nicht einfach, das Bildmaterial lückenlos zusammenzutragen.

Norbert Eifler

Die Langenschwalbacher

Pate für diesen Namen stand der Ort Langenschwalbach, das heutige Bad Schwalbach im Taunus. Als international bekanntes Staatsbad hatte Langenschwalbach Weltruf, nicht nur als Heilbad für Frauenenkrankheiten (Kaiserin Eugenie von Frankreich), sondern auch andere Leiden wurden hier kuriert. Die Kurverwaltung bemühte sich schon jahrzehntelang um eine Eisenbahn, bis die preußische Regierung 1887 den Bau einer Gebirgsbahn von Wiesbaden nach Langenschwalbach beschloß, die den steilen Südhang des Taunus bezwingen mußte. Am 15. November 1889 wurde die 21,5 km lange „Langenschwalbacher Bahn" mit Kurvenradien herunter bis 200 m und Steigungen bis 1:30 eröffnet. Sie verband zwei Hallenbäder, die von Fürsten und Bankiers, vom wohlhabenden Bürgertum und hohen Militärinvaliden internationaler Provenienz besucht wurden. Die Verbindung beider Orte gestattete den Kurgästen und Bürgern Wiesbadens, sowie den Einwohnern des nahen Mainz die Naturschönheiten des Taunus bequem zu besuchen, während der Gast in Langenschwalbach die kulturellen und wirtschaftlichen Einrichtungen der großen Städte in Anspruch nehmen konnte.

Für dieses besondere Publikum, auf der durch den gebirgigen Charakter besonderen Strecke, wurden auch besondere Fahrzeuge zum Einsatz gebracht. Nachdem sich die dreifach gekuppelten Lokomotiven der Baureihe T3 als zu schwach für diese Strecke erwiesen hatten und auch die T7 den Anforderungen nicht genügte, bestellte die Königliche Eisenbahndirektion Frankfurt am Main der K.P.E.V. bei der Maschinenfabrik Esslingen eine spezielle Lokomotive mit der Achsfolge C1. Von diesem Typ, der kein Gattungszeichen erhielt, wurden 1893 zunächst acht Stück, 1895 weitere 3 geliefert (acht Einheiten davon lieferte die Lokomotivfabrik Schwartzkopff in Berlin). Sie hatten Gewichtsbremse, auf dem Führerhaus ein Dampfläutewerk, ein Blasrohr der Bauart Korcha, Riggenbach-Zylinderluftbremse mit Schalldämpfer hinter dem Schornstein. Es war ein Vorläufer Baureihe T9.1.

Aber nicht nur eine eigens entwickelte Lokomotive beschaffte man für die Langenschwalbacher Bahn, sondern auch einen eigenen, nach ihr benannten Nebenbahnwagentyp. Zu diesem Zeitpunkt setzten sich allmählich die Vorteile der Drehgestelle, damals noch Drehschemel geheißen, durch. Die ersten D-Zugwagen (D = Durchgang) kamen bei der K.P.E.V. zum Einsatz, und die Abteilwagen, welche in Schnell- und Eilzügen Verwendung fanden, baute man mit Drehgestellen.

Zur Steigerung des Fahrkomforts in den engen Kurven bekamen deshalb die Wagen für die Langenschwalbacher Bahn ebenfalls Drehgestelle. Diese mußten aber, dem Gebirgscharakter der Strecke entsprechend, besonders leicht sein, damit sich das Wagengewicht in Grenzen hielt. So kam zuerst ein mit 1,65 m Radstand sehr kurzes Drehgestell zur Ausführung, wobei sich als alleinige Federung ein in Längsrichtung liegendes Blattfederpaket direkt auf die beiden Achslager jeder Seite abstützte. Der Raddurchmesser betrug dabei nur 740 mm. Bald jedoch wurde der Drehgestellradstand auf 2 m erhöht, und der Raddurchmesser erhielt das übliche Maß von 960 mm. Für die vorgesehenen, mäßigen Geschwindigkeiten hat sich diese Konstruktion so gut bewährt, daß sie 35 Jahre unverändert nachgebaut worden ist.

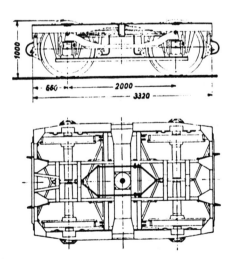
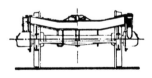

Drehgestell Bauart Langenschwalbach

Auch bei dem Fahrzeugkasten des Durchgangswagens mit offenen Endbühnen gab es einige konstruktive Neuerungen. So zog man erstmals das äußere Verkleidungsblech zur Tragkonstruktion mit heran, um Gewicht zu sparen. Unterhalb der mit 850 mm sehr tief liegenden Fensterbrüstung erhielt der Kasten eine Längsverstärkung aus Flacheisen, das mit dem 3 mm starken Außenblech fest vernietet wurde. Eine gleichartige Verstärkung versteifte die Unterkante der Beblechung. Eine sorgfältige Verschraubung mit den senkrechten Eck- und Fensterpfosten aus Hartholz ergab eine leichte, verwindungssteife Konstruktion. Die Hauptlängsträger zur Aufnahme der Zug- und Stoßkräfte bestanden aus U-Profilen, während für die Querträger des Kastens erstmals Hohlprofile verwendet wurden. Eine feste Verbindung mit den doppelten Dielen des Fußbodens brachte die notwendige Festigkeit.

Die Wagen dieses Typs hatten durch ihre Dachform ein sehr charakteristisches Ausssehen. Ein für damalige Gepflogenheiten recht hoch gewölbtes Dach war an den Enden steil herabgezogen, um den Fahrgästen beim Ein- und Aussteigen größtmöglichen Schutz auch bei schlechtem Wetter zu gewähren. Die Fenster waren ebenfalls großzügig ausgeführt. Für zwei gegenüberliegende Sitzreihen waren jeweils zwei dicht nebeneinander angeordnete, schmale, hohe, oben abgerundete Fenster vorhanden. Neu waren die Metallrahmen der herablaßbaren, durch Gegengewichte leichtgängigen Fensterscheiben. Über jedem Fenster gab es noch eine verglaste Klappe, die der Be- und Entlüftung diente.

Ab 1892 kamen diese Wagen auf den Strecken Wiesbaden — Langenschwalbach und Homburg — Usingen in verschiedenen Klassenausführungen zum Einsatz. Aus der 1. Lieferung sind Wagen I. Klasse, II. Klasse, II./III. Klasse und III. Klasse bekannt. Eine IV. Klasse gab es zunächst auf dieser Bahn nicht. Die „Eilzüge" führten sogar nur I. und II. Klasse. Berichte von 1893 schreiben aber ohne Angabe der Wagenklasse von morgens und abends verkehrenden Arbeiterzügen, die wahrscheinlich mit Wagen IV. Klasse gefahren wurden. Wagen dieser Klasse des Typs Langenschwalbach wurden erst 1907 gebaut. Bei der Ausstattung der Wagen wurde großen Wert auf eine geschmackvolle und luxuriöse Inneneinrichtung gelegt. 1893 wurde ein Wagen I. Klasse Langenschwalbacher Bauart auf der Weltausstellung in Chicago gezeigt und mit einer Goldmedaille ausgezeichnet. Selbstverständlich erhielt dieser Wagen noch besonderen Zierat. Er war blau lackiert und mit goldenen Linien abgesetzt, die schmiedeeisernen Plattformgeländer und Türen waren vergoldet.

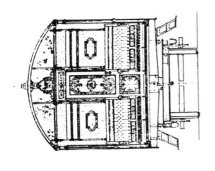
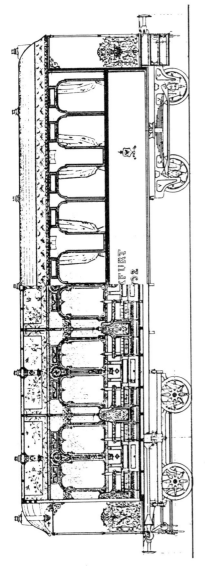
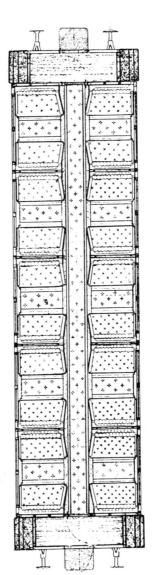

Wagen 1. Klasse, ausgestellt auf der Weltausstellung in Chicago 1893

Sonst bestand die Inneneinrichtung der I. Klasse aus einer dunkelbronzenen Tapete aus Seidencoteline, mit Teppich belegtem Boden und mit blauem Plüsch bezogenem Gestühl. In der II. Klasse waren die Wände grün-silber bedeckt und die Polster mit moosgrünem Plüsch überzogen. Aber auch die III. Klasse erhielt eine Wandbekleidung aus geprägtem Linoleum.

Passend zu diesen Zuggarnituren gab es auch einen kombinierten Post-Packwagen. Dieser mußte wegen der notwendigen, großen Ladetüren in den Seitenwänden auf den Vorteil der mittragenden Seitenbeblechung verzichten und bekam zur Aussteifung der Längsträger ein Sprengwerk unterhalb des Fahrzeuges. Gebremst wurden die Schwalbacher Wagen zuerst mit der Schmidt'schen Scheibenradbremse, die bei vielen Nebenbahnen mit steiler Streckenführung anzutreffen war. Die Bremsleitung bestand aus einem Seil, das von der Lokomotive über alle Wagendächer lief. Ähnlich wurde auch die bekannte Haeberleinbremse gehandhabt.

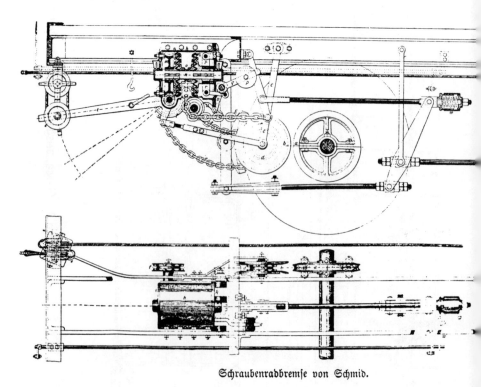

Schraubenradbremse von Schmid.

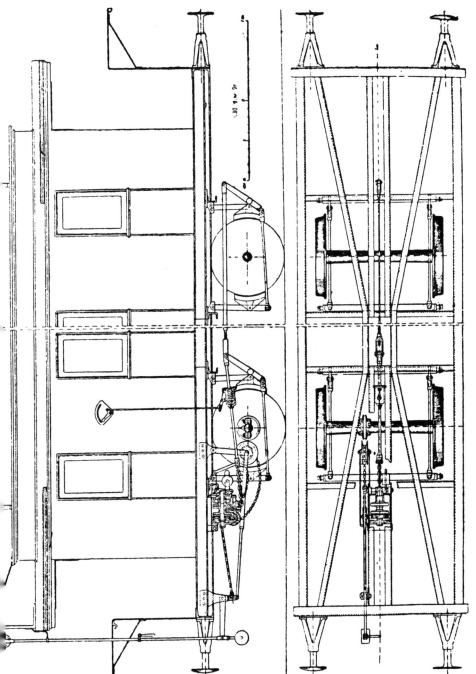

Anordnung der Schmid'schen Bremsen bei Wagen.

Als der Verkehr weiter zunahm, wurden die Wagen Langenschwalbacher Bauart ab 1907 nachgebaut. Zu dieser Zeit war es notwendig geworden, auch Zuggarnituren mit Wagen IV. Klasse zu führen. Diese bekamen jedoch nur noch Einzelfenster in den Seitenwänden. Die Inneneinrichtung bestand aus Bretterbänken an den gelblich gestrichenen, hölzernen Längswänden. Lediglich in Wagenmitte befand sich eine Querwand, die das Fahrzeug in zwei gleich große Abteile aufteilte. Während die Wagen der ersten Bauserie keine Aborte hatten und zur Heizung im Winter lediglich ein Kanonenofen aufgestellt wurde, erhielten die Nachbauten von 1907 - 1913 eine Dampfheizung und in der Regel einen Abort, bisweilen auch zwei Aborte. Beleuchtet wurden die Wagen mit Gas, wobei die beiden Vorratsbehälter in Längsrichtung unter dem Wagenboden aufgehängt waren. Anstatt mit der Reibungsbremse nach Schmidt, stattete man die Fahrzeuge jetzt mit der allgemein eingeführten Druckluftbremse aus. 1909 erhielt eine Bauserie II./III. Klasse die gleichen Fenster, die seit einigen Jahren in den D-Zugwagen und in den zwei- und dreiachsigen Nebenbahndurchgangswagen der K.P.E.V. eingebaut wurden.

Die „Langenschwalbacher" waren bei den Fahrgästen außerordentlich beliebt und so setzte man sie mit der Zeit auch außerhalb ihrer Stammstrecke ein. Man fand sie nach der Jahrhundertwende auf vielen Strecken in Südhessen. Außer dem Taunus war ein weiteres vornehmliches Einsatzgebiet der Westerwald. Hier fuhren weigehend artreine Züge aus Langenschwalbachern. Nach und nach eroberten sie sich die südliche Eifel, den Odenwald, Vogelsberg und Rhön, das Nordhessische Bergland bis ins Sauerland. Man konnte diese Wagen auch im Thüringer- und Frankenwald antreffen und es gab auch einige im Harz. Eine Liste über die Verteilung der Wagen auf die verschiedenen Heimatbahnhöfe in der Zeit zwischen 1920 und 1945 soll einen Überblick über die Verbreitung geben. Ein z hinter der Anzahl bedeutet zeitweise, d.h. diese Wagen waren in desem Zeitraum bei verschiedenen Bahnhöfen beheimatet. Deshalb ergibt sich bei Addierung der Zahlen nicht die Summe aller Schwalbacher, da einige bei verschiedenen Bahnhöfen aufgeführt werden. Vor 1945 ausgemusterte Wagen konnten bei dieser Liste nicht berücksichtigt werden.

Direktion Mainz

Wiesbaden	58 und	5z
Seeheim		3z
Oberroden		1z
Darmstadt		1z
Heidelberg		1z

Direktion Frankfurt

Limburg	13 und	8z
Fulda	8 und	11z
Rennerod	7 und	3z
Gladenbach	5 und	8z
Altenkirchen	4 und	3z
Schotten	3 und	3z
Hillscheid	3	
Westerburg	3	
Hersfeld	2 und	2z
Friedberg	1	
Frankfurt H.		7z
Stockholm		3z
Beilstein		2z
Schlitz		2z
Grebenhain/ Crainfeld		2z
Hungen		1z
Vilbel Nord		1z
Hilders		1z
Hünfeld		1z
Londorf		1z
Grävenwiesbach		1z
Gedern	1 und	7z

Direktion Saarbrücken/Trier

Wittlich	6 und	5z
Erdorf		2z
Trier West		2z
Gerolstein		1z

Direktion Cassel

Cassel	2 und	2z
Bestwig	1 und	1z
Warburg		3z
Paderborn		2z
Korbach		1z
Gemünden (Wohra)		1z

Direktion Magdeburg

Goslar	14 und	2z

Direktion Hannover

Bielefeld		2z

Direktion Köln

Linz	8	
K-Deutzerfeld	3	

Direktion Erfurt

Coburg		7z
Blankenburg		4z
Vacha		3z
Fröttstädt		1z
Schmalkalden		1z
Gerstungen		1z

z = zeitweise

Nach Ausbruch des 1. Weltkrieges wurden viele Nebenbahnwagen als Lazarettwagen an der Front eingesetzt, da sich diese Bauform mit den offenen Endbühnen besonders dafür eignete. Der Mangel an Fahrzeugen bewirkte, daß ab 1914 eine neue Nachbauperiode für die „Langenschwalbacher" einsetzte. Während das Fahrwerk und die Art der Kastenkonstruktion unverändert beibehalten wurde, bekamen die Wagen eine Aufbautenform, die von den dreiachsigen Nebenbahnwagen der K.P.E.V. abgeleitet worden war. Typisch daran waren die in Preußen so beliebten Laternendächer, die zwar eine gute Lüftung der Abteile erlaubten, aber großen Aufwand in Erstellung und Unterhaltung erforderten.

Ein weiteres Merkmal sind die Fenster mit Belüftungsklappen im gußeisernen Fensteroberteil. Je nach Klassenausführung wurden bei dieser Serie die Endbühnen offen oder geschlossen gebaut, da die Komfortanforderungen seit Einführung der D-Zugwagen mit ihren geschlossenen Plattformen gestiegen waren. Die Wagen IV. Klasse hatten nach wie vor offene Endbühnen und als Inneneinrichtung Bretterbänke an den Längswänden. Der Wagenkasten war in zwei gleich große Räume geteilt, und einseitig saß in Wagenmitte ein Abort. Der Wagen III./IV. Klasse hatte einen Raum in der eben beschriebenen Ausführung und an diesem Wagenende eine offene Plattform. Die andere Wagenhälfte war mit den bekannten Holzlattensitzen quer zur Fahrtrichung ausgestattet und hatte am Ende einen geschlossenen Vorraum, der durch eine Schiebetür vom Sitzraum getrennt wurde. Die Reisenden der III. Klasse erhielten so einen besseren Schutz vor Zugluft und schlechter Witterung. Die Wagen, die nur die III. Klasse führten, hatten zwei geschlossene Vorbauten und die erwähnten Holzlattensitze. Wie der zuvor beschriebene Wagen hatten die III. Klasse-Waggons einen Abort in Fahrzeugmitte, jedoch an der einen Außenwand angeordnet. Dadurch erhielten die Fahrzeuge auf der einen Seite sechs gleiche Fenster. Die andere Seite wies dagegen sieben Fenster auf, wovon die drei mittleren aber etwas schmäler ausfielen. Schließlich gab es auch Wagen II./III. Klasse mit etwas größerer Länge, die zwei Abteile II. Klasse mit Seitengang wie in den D-Zugwagen aufzuweisen hatten. Da diese Abteile mit je acht gepolsterten Sitzen durch Schiebetüren zum Seitengang abgeteilt wurden, der eine Drehtür zur Plattform hatte, gab es an diesem Wagenende eine offene Bühne. Das andere Wagenende war wiederum mit geschlossenem Vorraum gebaut worden, da die Abteile der III. Klasse wie üblich mit Mittelgang und hölzernen Lattensitzen ausgeführt wurden. Diese Bauform hatte je einen Abort an jedem Wagenende und drei unterschiedliche Fensterbreiten.

In den Jahren 1923/1924 folgte eine letzte Lieferung Langenschwalbacher. Bedingt durch Kriegs- und Reparationsverluste wurden von der Deutschen Reichsbahn-Gesellschaft nochmals eine Serie dieser beliebten Wagen bestellt. Abweichend von der Ausführung 1914/1915 erhielten sie ein Tonnendach, wie alle übrigen Personenwagenneubauten zu dieser Zeit. Auch kam die Stahlbauweise in einigen Details zur Anwendung. So hatten die Wagen eiserne Dachspriegel und weitgehend genietete Seitenwände mit stählernen Hauptpfosten. Der Grundriß, die Maßeinteilung, die Anordnung der offenen und geschlossenen Bühnen und die preußischen D-Zugfenster wurden nach den alten Zeichnungen ausgeführt. Lediglich die IV. Klasse bekam Sitze in Querrichtung, jedoch als ebenso einfache Bretterbänke wie bei den anderen preußischen Wagen.

Bis weit nach dem Zweiten Weltkrieg , bis zum Ende der 50er Jahre haben die Wagen der Bauart Langenschwalbach brav ihren Dienst getan. Manche Umbauten mußten sie im Laufe der Jahre über sich ergehen lassen. So wurden die Wagen IV. Klasse nach Aufhebung dieser Klasse zur III. Klasse umgebaut. Die Laternendächer der Bauform 1914/1915 wurden abgedichtet, so daß die Oberlichtfenster wegfielen. Auch die bei den Eisenbahnen „Schwalbennester" genannten Dachenden der ersten Bauform waren sehr schadanfällig. Deshalb wurden sie oft in Tonnendachform umgeändert. Manchmal bekam auch nur ein Dachende diese Änderung, was zu einem höchst merkwürdigen Aussehen führte. Ebenso ersetzte man die Fenster mit den gußeisernen Oberteilen teilweise durch einfache Fenster mit Aluminiumrahmen, die keinen Gewichtsausgleich mehr benötigten und daher viel wartungsfreundlicher waren.

Nach Aufhebung der 3. Klasse bei der Deutschen Bundesbahn begann die Umrüstung der Holzklasse in die Polsterklasse. Dabei wurden die älteren Reisezugwagen ausgemustert oder neu aufgebaut. Da sich die rund 50 Jahre alten „Langenschwalbacher" auf Grund ihrer speziellen Konstruktion nicht zum Umbau eigneten, wurden sie ausgemustert, waren aber als Bahndienstwagen in Bauzügen recht beliebt. Vor allem während der Elektrifizierung der Nord-Süd-Strecke in der Bundesrepublik konnte man oft solche Wagen beobachten.

Einige dieser interessanten Wagen konnten der Nachwelt erhalten werden. Neben dem Arbeitskreis HESSENCOURRIER e.V. in Kassel besitzen die Deutsche Gesellschaft für Eisenbahngeschichte und die Vereinigung EURAVAPOR in Basel einige Fahrzeuge dieser Art.

Eine Tabelle, die diesem Textteil folgt, enthält eine Aufstellung aller Wagen des Typs Langenschwalbach. Sie folgt der Bezeichnung durch die Deutsche Reichsbahn-Gesellschaft und zeigt, daß manche Wagengattung nur in einem Exemplar gebaut worden ist, so der Post-Packwagen von 1893 oder der CC4itrPr14, ein Wagen III./IV. Klasse. Auch die Wagen BC4iPr14 gab es nur in zwei Exemplaren. Die Jahresangabe, wie Pr14 (wobei Pr für preußisch steht), nennt in der Regel das erste Baujahr, auch wenn die Fahrzeuge oft über mehrere Jahre hinweg beschafft wurden. Die Wagen mit den Nummern Erfurt 79956 - 79959 sind keine eigentlichen Langenschwalbacher. Sie wurden für Bulgarien gebaut, infolge der Kriegsereignisse des Ersten Weltkriegs aber nicht mehr abgeliefert. Man reihte sie in das Nummernschema der Langenschwalbacher ein, weil sie im Prinzip diesem Wagentyp ähnelten. Als Laufwerk hatten sie jedoch Vorläufer des Einheits-Güterwagen-Drehgestells.

Bei der ersten Bauserie (1891-1895) sei angemerkt, daß sie von der Direktion Frankfurt der K.P.E.V. (Königlich Preußische Eisenbahn Verwaltung) entwickelt und bei Van der Zypen & Charlier in Deutz bei Cöln bestellt wurden, die auch später den größten Teil der Fahrzeuge bauten. 1897 kam der Zusammenschluß zwischen K.P.E.V. und der Großherzoglich Hessischen Ludwigs-Eisenbahn zur „Preußisch Hessischen Staatsbahn". Als Folge davon entstand die Königlich Preußische und Großherzoglich Hessische Eisenbahn-Direktion Mainz. Dieser wurde u.a. auch die Strecke Wiesbaden — Langenschwalbach zugeteilt. Dabei erhielten die ehemaligen Frankfurter Wagen bei der Direktion Mainz neue Nummern, wie sie in der Tabelle aufgeführt sind. Das Wagenbuch von 1895, aus dem die ursprünglichen Frankfurter Nummern hervorgehen würden, ist leider nicht mehr auffindbar. Bei der Direktion Mainz prangte an Wagen und Lokomotiven neben dem Wappen mit dem Preußischen Adler auch das Wappen mit dem Hessischen Löwen als Eigentumsbezeichnung. Nur bei dieser Direktion waren diese Doppelwappen gebräuchlich.

Die Farbgebung der Langenschwalbacher entsprach dem üblichen Farbschema der Staatsbahn in dieser Zeit. So war die II. Klasse grün lackiert und die III. Klasse hatte dunkelrotbraune Wagenkästen. Alte Fotos lassen erkennen, daß im Bereich der Längsbänder unter den Fenstern dünne, helle Zierlinien aufgemalt waren. Die Fensterausschnitte wurden durch Leisten eingerahmt, die farblich dunkel (wahrscheinlich schwarz) abgesetzt waren. Eine senkrechte Farbteilung bei den gemischtklassigen Wagen war genauso üblich wie bei den übrigen Wagen der K.P.E.V. Die Wagen der IV. Klasse, die erstmals 1907 gebaut wurden, erhielten den damals für diese Klasse vorgesehenen grauen Anstrich. Vereinzelt wurden sie jedoch auch braun geliefert, wie es zumindest bei der Direktion Mainz belegt ist. Die Beschriftung der Klasse erfolgte bei der ersten Bauserie in hellgelben, römischen Ziffern mit dem Zusatz „Kl". Bei der zweiten Bauserie wurden nur noch die römischen Ziffern aufgemalt, darunter standen noch recht kleine Großbuchstaben zur Kenntlichmachung der Abteile. Die dritte Bauserie bekam dann die bekannten schwarzen Emailschilder mit weißen arabischen Ziffern. Ab dieser Zeit wurden auch die Wagenkästen einheitlich grün gestrichen und die Beschläge schwarz abgesetzt.

Aufstellung der Wagen Bauart Langenschwalbach

Bau-typ	Bj.	Gattung	LüP	Anz.	Direktion ab 1930	1923 - 1930	1880 - 1923	Bemerkungen
1891/–		A4iPr91	12400	5		Mnz		Bau des A-Typs zweifelhaft
1895	91	AB4iPr91	12400	5		Mnz 601-04 605		vor 1909 U in BC, vor 23 ex
	94							vor 1909 U in BC, vor 23 ex
	91	BC4iPr91	12400 2 Plattf.	5(6)	Mnz 35801-05	Mnz 31001-05,31,34	Mnz 1401-03, 05,06	1404 ex
	91	C4iPr91	12400 2 Plattf.	9	Mnz 79621-22 79623-25, 27 (nur noch 6 St.)	Mnz 32001-09	Mnz 2551-54 Mnz 2555-56	2551, 53, 57 ex
	93					später 4. Klasse, Mnz 34043, 45-50		
	92	PwPost4iPr91	12400 2 Plattf.	1	Mnz 101971	Mnz 99501	Mnz 4991	
	95	PwPost4iPr95	11900 1 Plattf.	2	Mnz 101973-74	Mnz 99502-03	Mnz 4992-93	
1907	07	CC4itrPr07	12400 2 Plattf.	2	Mnz 79821-22	Mnz 33001-02	Mnz 2651-52	
	07	C4itrPr07	12400 2 Plattf.	3	Frt 79818-20	Frt 34001-03	Frt 441-43	
	09			12	Mnz 79823-34	Mnz 34001-12, 01-34038	Mnz 3901-12 (ursprüngl. 3751-62)	
1908	09	BC4iPr08	12400 2 Plattf.	5	Mnz 35903-07	Mnz 31013-17	Mnz	1414-18
1909	11	BC4iPr09	12520 2 Plattf.	4	Mnz 35911,10, 12,09	Mnz 31018-20 35	Mnz 1419-22	
	13			7	Ksl 35946-52	Ksl 31001-07, 01=Han 402	Ksl 970-76	wahrsch. urspr. Mnz
	13			6	Köl 35953-58	Köl 31001-06	Köl 50-55	

Bau-typ	Bj.	Gattung	LüP	Anz.	Direktion ab 1930	1923 - 1930	1880 - 1923	Bemerkungen
	13			10	Mnz 35959-68	Mnz 31022-31	Mnz 1424-33	
	13			9	Han=Mgd 35969-77	Mgd 31001-09	Mgd 1130-38	
	09	C4iPr09	12400 2 Plattformen	10	Mnz 79838-46 (9 Stück)	Mnz 32012-21 (014 ex)	Mnz 2571-80 (2573 ex)	
						Mnz 32022-30 (023 ex)	Mnz 2581-90 (2582 ex)	
1911	11	BC4iPr11	12400 2 Plattformen	6	Frt 35913-18	Frt 31001-06	Frt 231-36	
	12			10	Frt 35919-28	Frt 31007-16	Frt 237-46	
	11	C4iPr11	12400 2 Plattformen	6	Frt 79876-81	Frt 32001-06	Frt 392-97	
				10	Mnz 79867-75	Mnz 32022-30 (023 ex)	Mnz 2581-90 (2582 ex)	
	12			5	Frt 79883-87	Frt 32007-11	Frt 398-401, 391	
	09	C4itrPr11	12400 2 Plattformen	10	Mnz 79847-56	Mnz 34013-22 16,20 - Mgd 3406-07	Mnz 3913-22	
	11			3	Frt 79893-95	Frt 34004-06	Frt 444-47	445 nicht besetzt
	12			17	Frt 79896-912	Frt 34007-23	Frt 448-64	
	13			10	Mnz 79937-46	Mnz 34033-42	Mnz 3933-42	
	13			5	Han=Mgd 79947-51	Mgd 34001-05	Mgd 3611-15	
	11	PwPost4iPr11	11850 1 Plattform	5	Frt 101976-80	Frt 99535-39	Frt 4055-59	
	12			5	Frt 101983-87	Frt 99540-44, 43-Ksl 99581	Frt 4060-64	
1912	12	CC4itrPr12	12400 2 Plattformen	5	Frt 79888-92	Frt 33001-05	Frt 421-25	
	13			1	Mnz 79936	Mnz 33003	Mnz 2654	

Bau-typ	Bj.	Gattung	LüP	Anz.	Direktion ab 1930	1923 - 1930	1880 - 1923	Bemerkungen
1913	13	C4iPr13	12400 2 Plattformen	1	Ksl 79922	Ksl 32003	Ksl 2110	
	13			3	Köl 79923-25	Köl 32001-03	Köl 147-49	
	13			7	Mnz 79929-35	Mnz 32031-37	Mnz 2591-98 (94 nicht besetzt)	
1914	15	BC4iPr14	14400 1 Pl., 1 ges.	2	Frt 35979-80	Frt 31017-18	Frt 247-48	
	16			1	Mnz 35981	Mnz 31033	Mnz 1435	
	15			1 Tri=	Sbr 35986	Tri 31001	Sbr 2000	
	16			5 Tri=	Sbr 35982-85,87	Tri 31002-6	Sbr 2001-05	
	16			4	Erf 35988-91	Erf 31001-04	Erf 301-04	
	15	CC4itrPr14	13000 1 Pl., 1 ges.	1	Frt 79953	Frt 33006	Erf 426	
	15	C4itrPr14	13000 2 Plattformen	3	Köl 79926-28	Köl 34001-03	Köl 2680-82	
	15			2	Frt 79954-55	Frt 34024-25	Frt 465-66	
	16			4 Tri=	Sbr 79971-74	Tri 34001-04	Sbr 2100-03	
	14	PwPost4iPr14	12150 1 geschl. B.	2	Frt 101990-91	Frt 99545-46	Frt 4067-68	
	14			3	Köl 101992-94	Köl 99501-03	Köl 4244-46	
1915	16	C4iPr15	13000 2 geschl. B.	4	Erf 79961-64	Erf 32001-04	Erf 311-14	
	16			6 Tri=	Sbr 79965-70	Tri 32001-06	Sbr 2050-55	
	15	C4itrPr15	15520 2 geschl. B.	4	Erf 79956-59	Erf 34001-04	Erf 321-24	geb. f. Bulgarien, nicht abgel.
	16			1	Erf 79960	Erf 34005	Erf 325	geb. f. Bulgarien, nicht abgel.
1923	24	BC4iPr23	14400 1 Pl., 1 ges.	5	Frt 35993-97	Frt 31019-23	Frt 216-20	z.T. nicht besetzt
	24	C4iPr23	13000 2 geschl. B.	4	Frt 79976-79	Frt 32012-15	Frt 384-87	z.T. nicht besetzt
	24	CC4idPr23	13000 1 Pl., 1 ges.	9	Frt 79980-88	Frt 33007-15	Frt 467-75	z.T. nicht besetzt
	24	C4idPr23	13000 2 Plattformen	10	Frt 79989-98	Frt 34022-36	Frt 480-89	z.T. nicht besetzt

Bestand an Langenschwalbacher Wagen in der BD Frankfurt am 1. Juni 1958

Bf Dillenburg	LB4 i	035 923 x	Baujahr:	1912
		035 972 x		1912
		035 983 x		1916
		079 825		1909
		079 841		1909
		079 871		1911
		079 884		1912
		079 887		1912
		079 890		1912
		079 895		1911
		079 955		1915
	LB4 itr	079 827		1911
		079 908		1912
		079 959		1915
		079 973		1916
	LPw 4i	0101993 x		1914
	LPw Post 4i	0101979		1911
Bf Frankfurt (M) Hpbf				
	LAB4 i	035 917		1911
		035 979		1915
	LB4 i	035 963 x		1913
		079 852		1909
		079 865		1915
		079 877		1911
		079 912		1912
		079 935		1909
		079 944		1913
		079 946		1911
Bf Limburg (L)				
	LAB4 i	035 959		1913
		035 985		1916
	LB4 i	079 858		1911
		079 907		1912
	LB4 itr	79 972		1918
	LPw4 i	0101994 x		1914

Bf Weinheim

LAB4 i	035 928	1912
	035 980	1915
	035 982	1916
	035 984	1916
	35 997	1924
LB4 i	079 964	1916
	079 968	1916
	079 969	1916
	079 970	1916
	79 976	1924
	79 982	1924
	79 987	1924
	79 988	1924

Bf Wetzlar

LB4 i	079 824	1907
	079 842	1009
	079 845	1913
LB4 itr	079 896	1912
	079 953	1915
	079 960	1916

Bf Wiesbaden Hbf

LAB4 i	035 905	1909
	035 911	1911
LB4 i	079 869	1911
	079 870	1911
	079 878	1911
	079 883	1912
	079 886	1912
	079 900	1912
	79 978	1924
	79 981	1924
	79 990	1924
LB4 iw	79 986	1924
LB4 itr	79 993	1924

Wagenskizzen

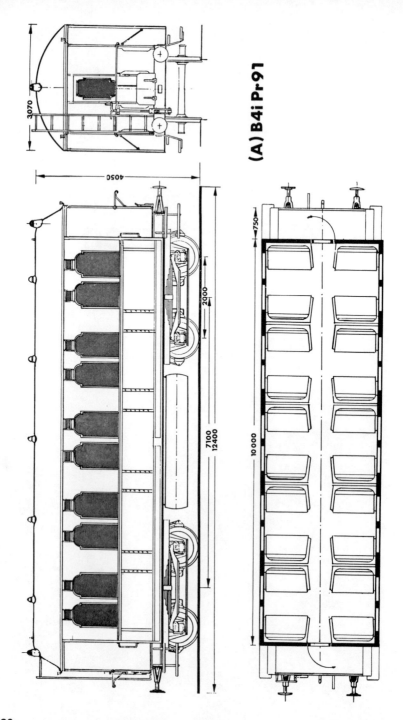

BC 4i Pr 91

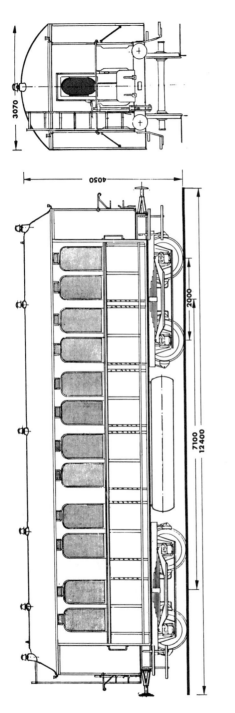
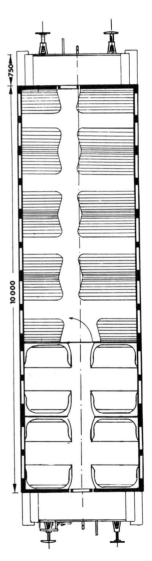

27

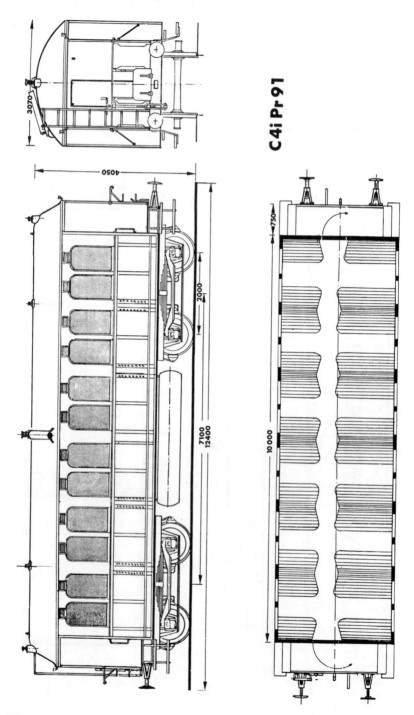

PwPost 4i Pr91

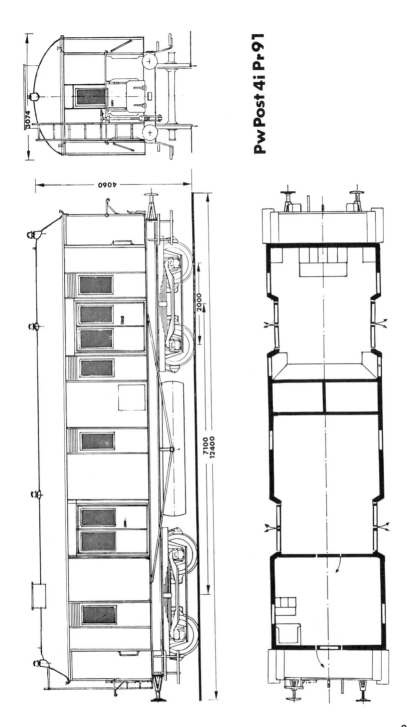

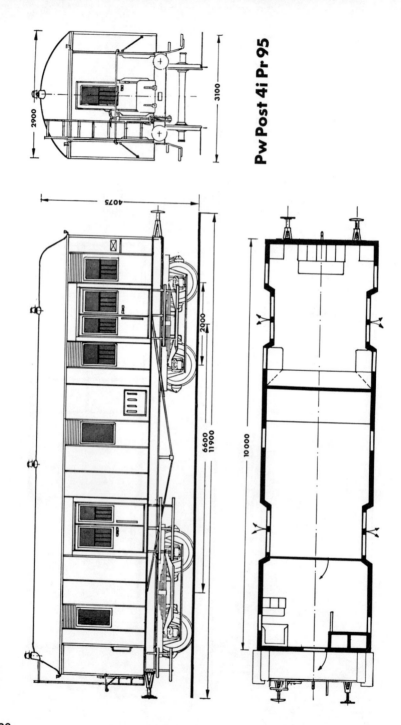

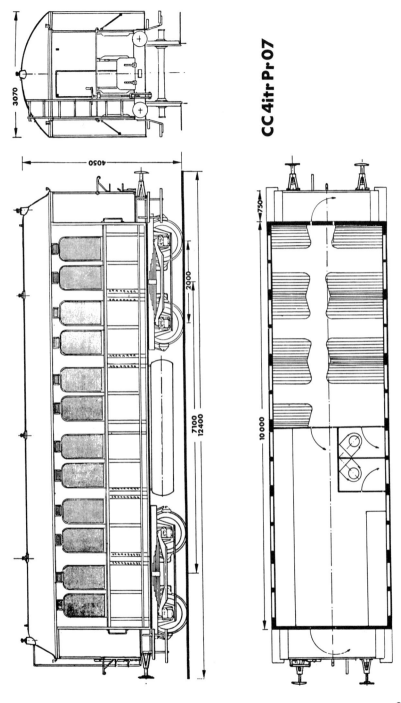

CC 4itr Pr 07

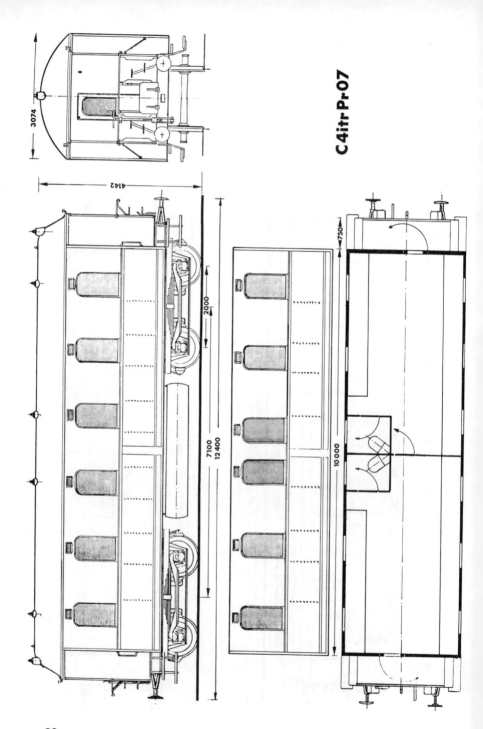

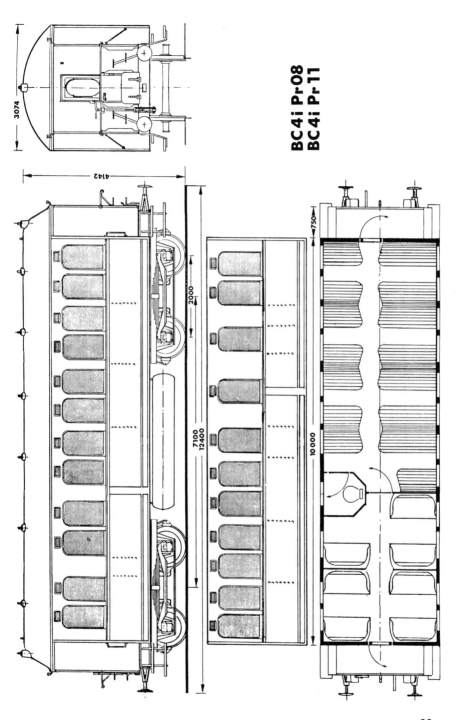

BC4i Pr08
BC4i Pr11

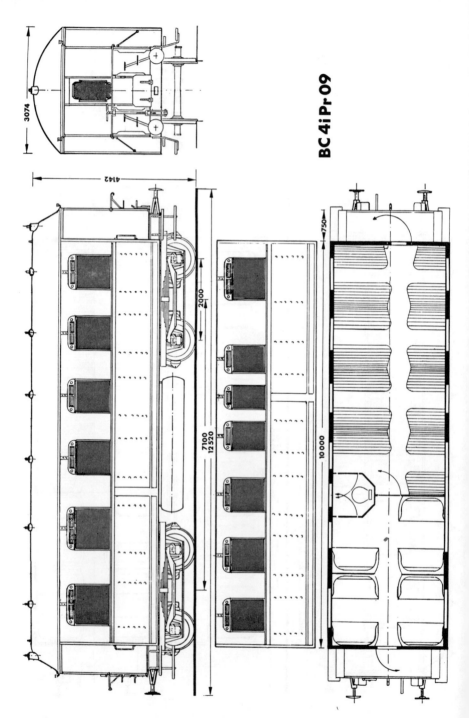

BC4iPr09

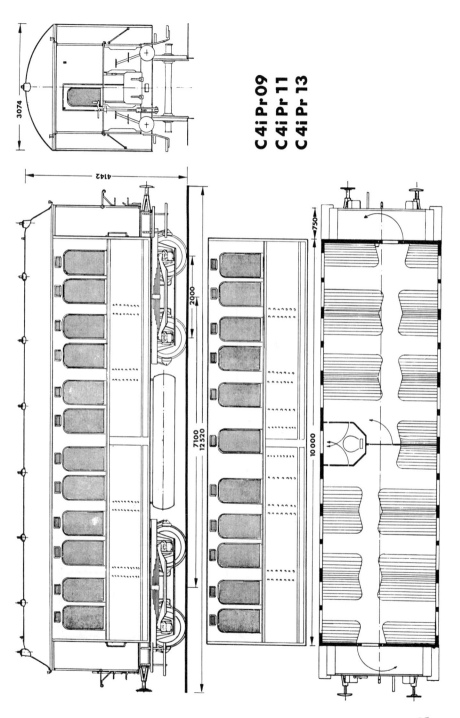

C 4i Pr 09
C 4i Pr 11
C 4i Pr 13

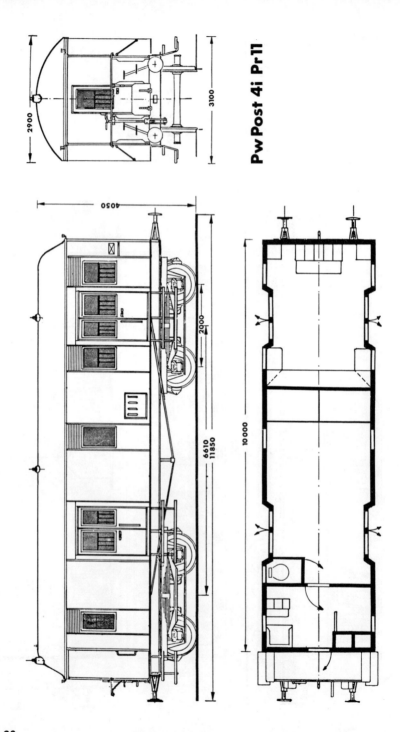

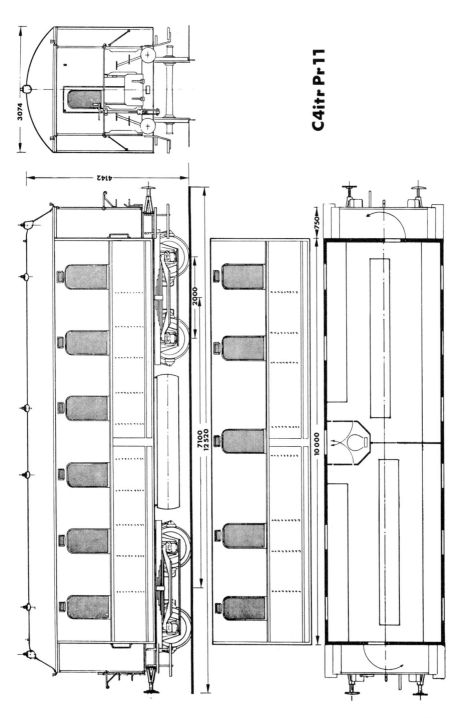

CC 4itr Pr 12

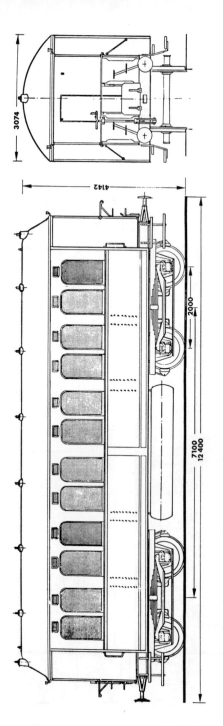
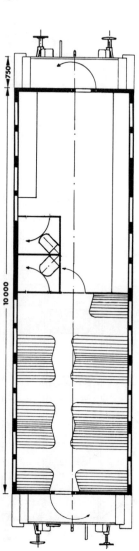

BC 4i Pr 14

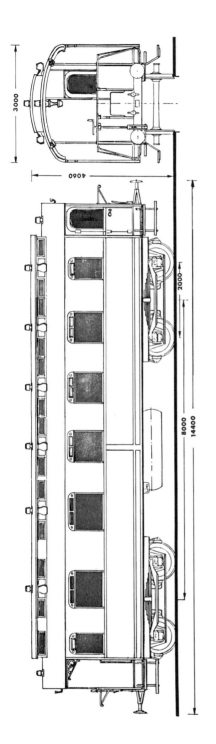
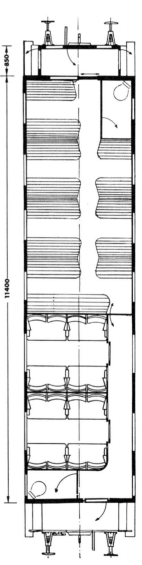

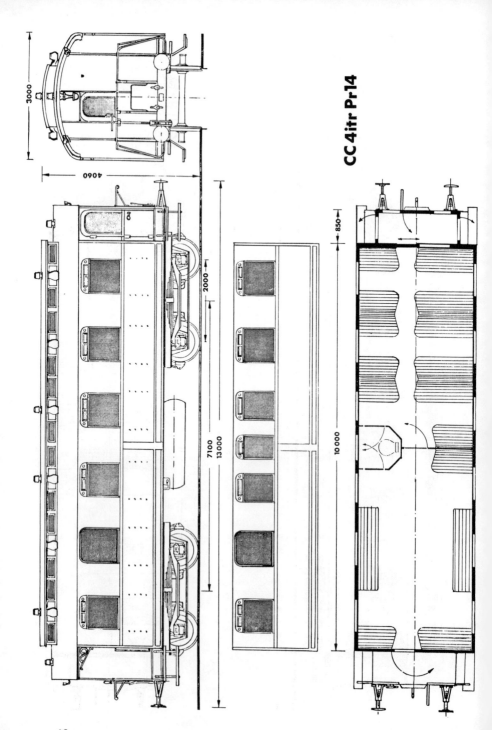

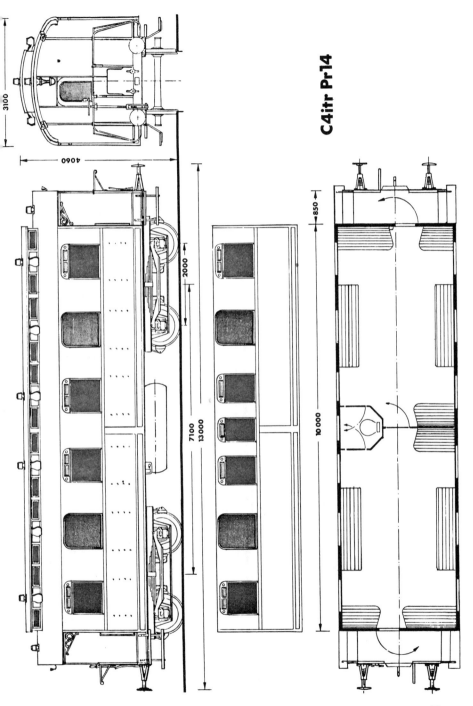

C4itr Pr14

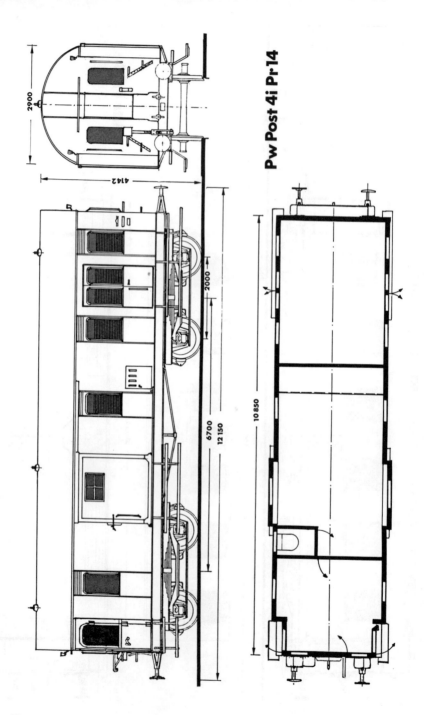

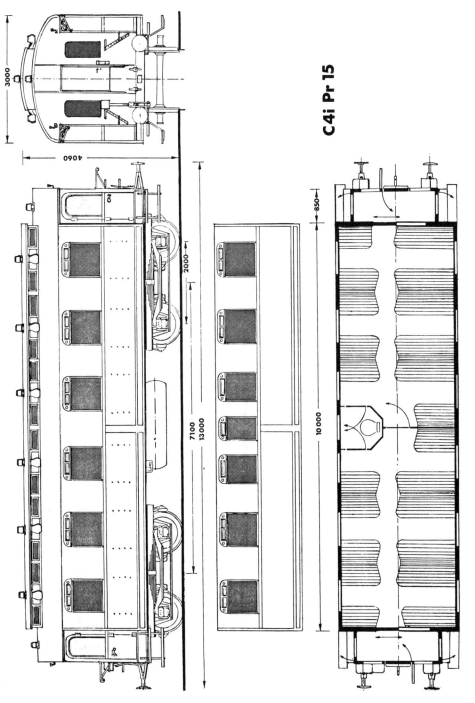

C4i Pr 15

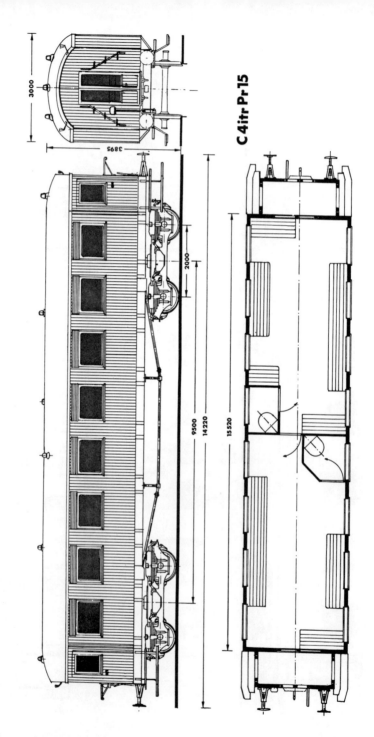

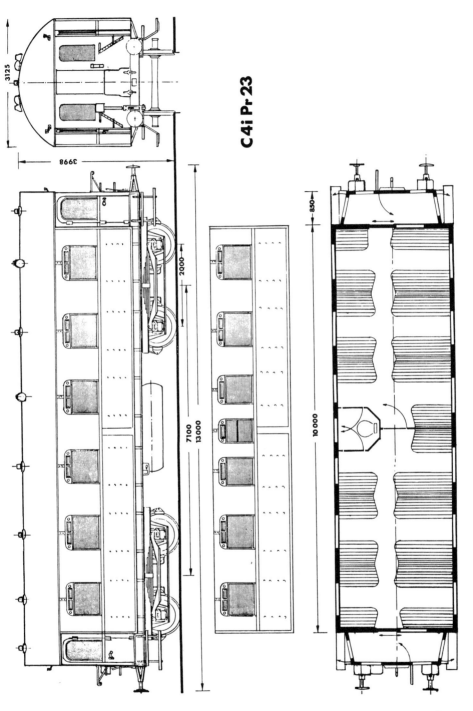

C4i Pr 23

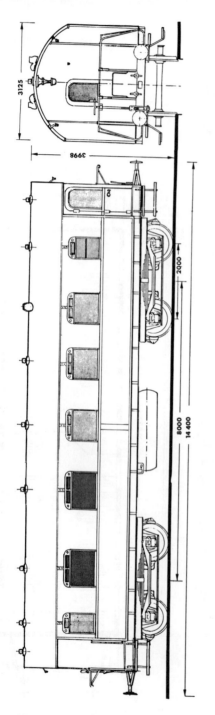
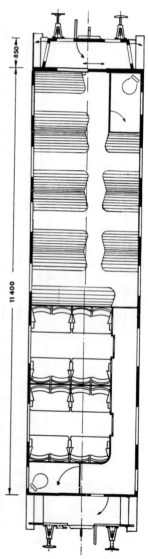

BC 4i Pr 23

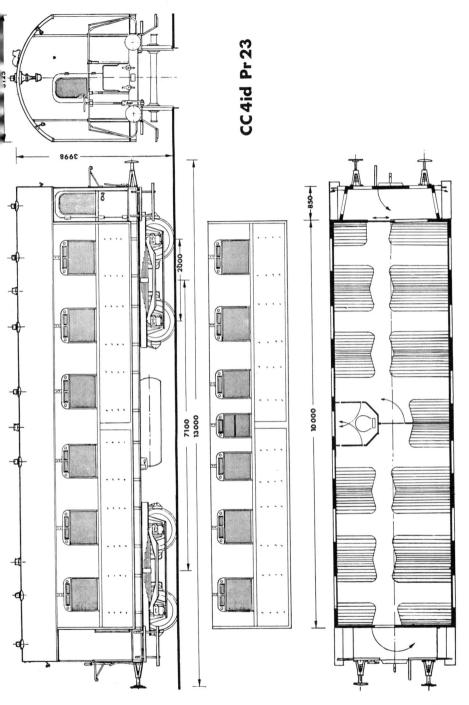

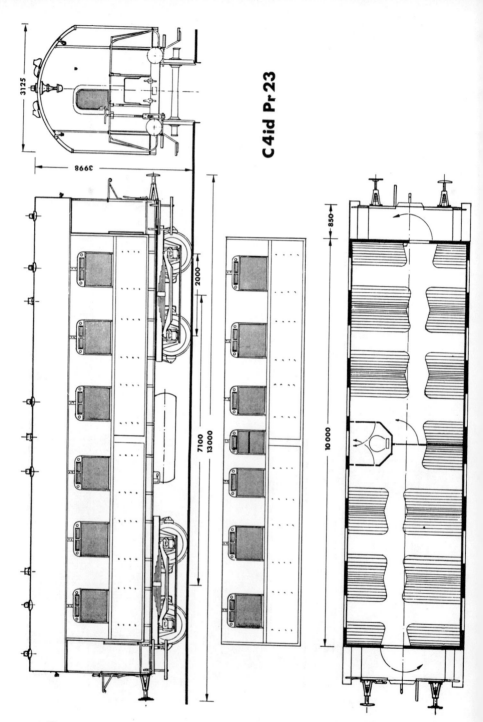

BILDTEIL

1 — (links) BC4i-pr11, gebaut 1912 als Frankfurt 246 am 29. August 1957 im Bahnhof Weinheim/Bergstraße.

2 — Die von der Maschinenfabrik Esslingen 1892 für die Bahn Wiesbaden — Langenschwalbach gebaute C1-Tenderlokomotive, ein Vorläufer der preußischen T 9.1.

3 — Der erste Wagen dritter Klasse der Bauart Langenschwalbach.

4 — Aus der Eröffnungszeit: Am 1. Mai 1894 Einweihung des Bahnhofes Schwalbach-Zollhaus. Gerade noch zu erkennen, die Schnörkel am oberen Fensterteil des rechten Wagens.

5 — BC4i und C4i der ersten Bauserie auf der Rheinstrecke. Man beachte die Entlüftung in der Dachmitte, die auch als Schornstein für die im Winter aufgestellten Öfen diente.

6 — Wagen erster Klasse, gebaut von Van der Zypen & Charlier in Deutz bei Köln, ausgestellt auf der Weltausstellung 1893 in Chicago.

7 — Wagen vierter Klasse C4itr, gebaut für die „Königlich Preußische und Großherzoglich Hessische Staatseisenbahn", Direktion Mainz; erkenntlich am Doppelwappen, das nur bei dieser Direktion geführt wurde.

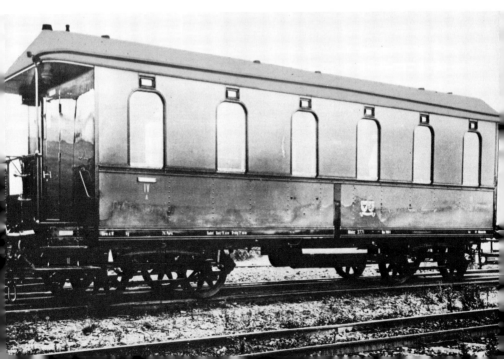

8 — BC4i-pr09, gebaut 1913 als Mainz 1424 (Abortseite), aufgenommen im Einsatz bei der DB im April 1958 in Limburg.

9 — BC4i-pr09 35969 Hannover, ehemals Magdeburg 1130, als einer der letzten bei der DB eingesetzten Wagen im verschneiten Harz.

10 — BC4i-pr09 ex Cassel 976, Baujahr 1913 mit geänderten Dachenden, ausgemustert abgestellt in München-Freimann, 21. September 1961.

11 — BC4i-pr09 ex Cassel 972 aus der gleichen Bauserie als Bahnhofswagen Nr. 1 im Vbf Eidelstedt.

12 — BC4i-pr09 weitgehend umgebaut und kaum noch als solcher zu erkennen nach seiner Ausmusterung in Blankenstein/Ruhr.

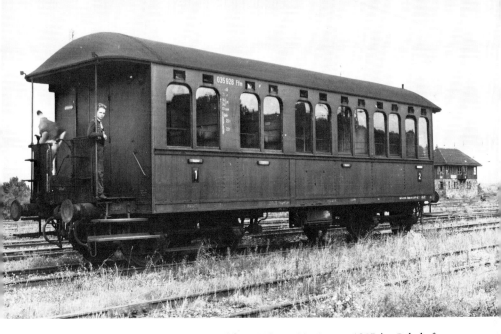

13 — BC4i-pr11, gebaut 1912 als Frankfurt 246 am 29. August 1957 im Bahnhof Weinheim/Bergstraße.

14 — BC4i-pr11, gebaut 1911 als Frankfurt 232, eingesetzt zur Reichsbahnzeit in Herborn/Dillkreis mit der Nr. 35914 Frankfurt.

15 — Ein Zug Langenschwalbacher 1959 im Bahnhof Frankfurt-Höchst, in der Mitte BC4i-pr11 35917 Ffm.

16 — BC4i-pr11, gebaut 1912 als Frankfurt 237, mit geänderten Dachenden am 27. Mai 1958 in Limburg.

17 — C4i-pr13, gebaut als Mainz 2597 (Abortseite), unter der Nr. 79934 Mainz im Einsatz bei der Deutschen Reichsbahn am 1. Mai 1937.

18 — C4i-pr13 79929 Frankfurt auf einem Bellingrodt-Foto. Man beachte die unterschiedlichen Dachenden.

19 — C4i-pr11, gebaut 1912 als Frankfurt 339, aufgenommen als Bahndienstwagen im April 1962 in Flieden.

20 — C4i-pr11, Frankfurt 79884, im August 1965 als Bahndienstwagen in Kassel-Wilhelmshöhe.

21 — Derselbe Wagen am Ende seiner Laufbahn auf dem Verschrottungsbahnhof Blankenstein/Ruhr. Ausgemustert wurde er im Januar 1968 durch das AW Limburg.

22 — C4i-pr 11   79887 Frankfurt als Bahndienstwagen mit geänderten Dachenden, auch die Lüftungsklappen über den Fenstern sind verschwunden. Aufgenommen wurde er im April 1962 in Flieden.

23 — C4itr-pr11, gebaut 1912 als Frankfurt 464, im Einsatz bei der DB.

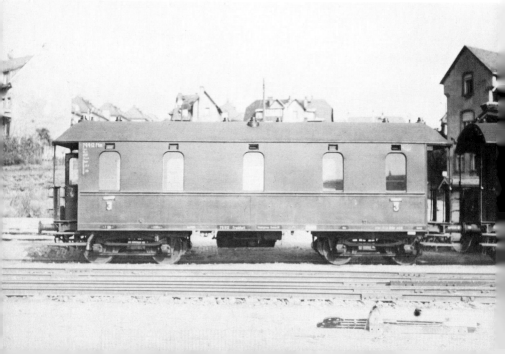

24 — C4itr-pr11   79945 Frankfurt als Bahndienstwagen 1970 in Bebra, es wurde die Abortseite fotografiert.

25 — Der gleiche Wagen in Bebra, diesmal jedoch von der anderen Seite her aufgenommen.

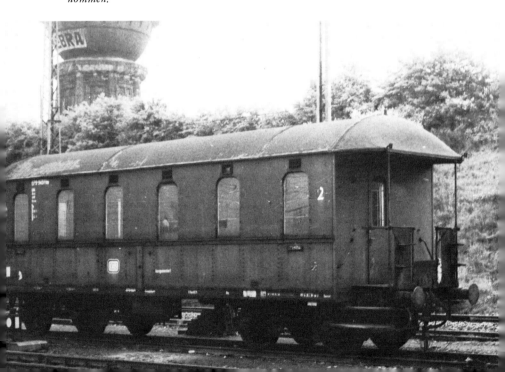

26 — Noch einmal der 79945 Frankfurt, jetzt jedoch als 050104 des historischen Zuges „Hessencourier" auf der Strecke Kassel — Naumburg, aufgenommen 1977.

27 — C4itr-pr11 79865 Frankfurt, ex 79865 Mainz, ex Mainz 3931, gebaut 1912, aufgenommen 1960 in Fürth/Odenwald.

28 — PwPost4i-pr11 101979 Frankfurt fotografiert von Carl Bellingrodt 1958 im Hessischen.

29 — Der gleiche Wagen abgestellt im Vorfeld des Frankfurter Hauptbahnhofes, aufgenommen 1975.

30 — Nach Bayern verschlagen: Der 101976 Frankfurt ist nun bei der Direktion Nürnberg beheimatet, aufgenommen in den fünfziger Jahren.

31 — C4itr-pr15 79958. Ein Schwalbacher, der keiner war. Für Bulgarien bestimmt, jedoch nie ausgeliefert, sind fünf Wagen in den Nummernplan der Langenschwalbacher eingereiht worden, gesehen in Mainz.

32 — BC4i-pr14 35979 Frankfurt, gebaut 1915 als Frankfurt 247, im Einsatz bei der DB 1959 im Bahnhof Frankfurt-Höchst.

33 — BC4i-pr14 35980 Frankfurt, abgestellt im Februar 1971 in Plaidt. Im Hintergrund führt 086 201 den N 3642.

34 — Noch einmal der BC4i-pr14 in Plaidt, jedoch von der anderen Stirnseite her gesehen.

35 — CC4itr-pr14 79953 Frankfurt. Von diesem Typ wurde nur ein Exemplar gebaut, aufgenommen 1960 als Bahndienstwagen in Melsungen.

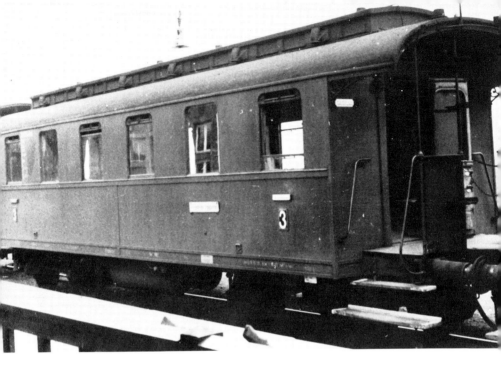

36 — C4itr-pr14   79954 Frankfurt, gebaut 1915 als Frankfurt 465, aufgenommen noch zu Zeiten der dritten Klasse.

37 — C4itr-pr14   79955 Frankfurt, aufgenommen nach 1956 von der Abortseite.

38 — C4itr-pr14 79972 Trier, später Frankfurt, 1958 in Limburg, gebaut 1916 als Saarbrücken 2101.

39 — C4itr-pr14 79973 Trier, der nächste Wagen der Reihe zu Zeiten der DB, 1951 im Einsatz an der Mosel.

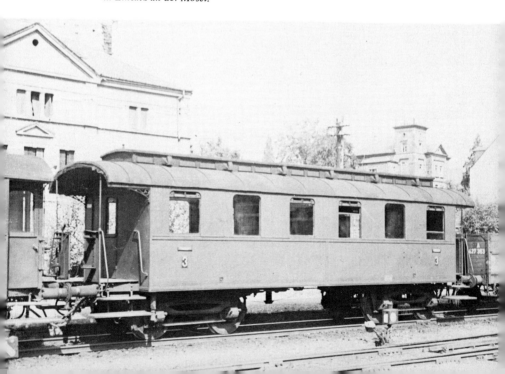

40 — PwPost4i-pr14   101993 Köln. Auf diesem Bellingrodt-Foto noch im Dienst der Deutschen Bundesbahn.

41 — Der gleichen Wagentyp als Bahndienstwagen in Kirchenlaibach am 10. März 1973, schon weitgehend umgebaut. Auch er ist inzwischen zerlegt.

42 — C4i-pr15 79970 Trier, gebaut als Saarbrücken 2055, eingesetzt bei der DB 1951 im Originalzustand an der Mosel.

43 — C4i-pr15 79968 Frankfurt, gebaut 1916 als Saarbrücken 2053, aufgefunden in Schlüchtern 1962 als Bahndienstwagen.

Die Abortseite des 79968 Frankfurt in Schlüchtern. Das Ofenrohr macht die Zweckentfremdung deutlich; die preußischen Fenster mit Lüftungsklappen mußten einfachen Rahmen aus Aluminum weichen.

Die Stirnseite mit Handbremse des gleichen Wagens.

46 — BC4i-pr23 35994, gebaut 1924 als Frankfurt 217. Heute ist er im Besitz der DGEG im Eisenbahn-Museum Bochum-Dahlhausen, aufgenommen am 31. August 1975 in Olpe.

47 — Der gleiche Wagen, aufgenommen im Mai 1977 in Bochum-Dahlhausen.

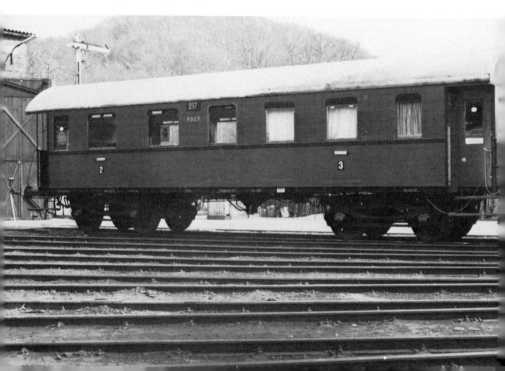

48 — C4i-pr23 79976 Frankfurt nach einem Gastspiel beim Neubauamt Kassel als Bahnhofswagen. Trotz des bemerkswert guten Zustandes ist der Wagen zum Verschrotten abgestellt.

49 — Der gleiche Wagen 1967 in Blankenstein/Ruhr.

50 — CC4id-pr23 79987 Frankfurt, gebaut 1924 als Frankfurt 476, 1960 beim Einsatz in Fürth/Odenwald fotografiert.

51 — Noch ein CC4id-pr23: am Ende seiner Laufbahn wartet er in Blankenstein/Ruhr auf den Schneidbrenner.

52 — C4id-pr23 wartet auf die Verschrottung, aufgenommen 1968.

53 — C4id-pr23 79994, gebaut als Frankfurt 485, heißt inzwischen 050105 und läuft wiederaufgebaut im historischen Zug „Hessencourier" als Buffetwagen.

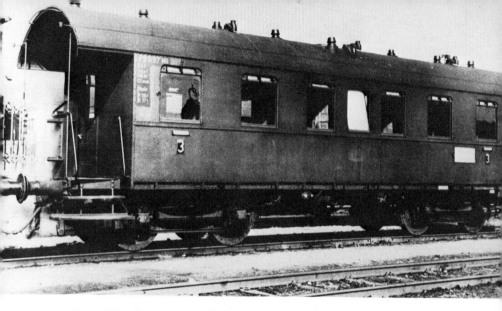

54 — C4id-pr 23 79997 Frankfurt, gebaut 1924 als Frankfurt 488. Es ist der vorletzte Wagen im Nummernplan der Langenschwalbacher.

55 — Ein C4id-pr23 ausgemustert abgestellt in Blankenstein/Ruhr, wo er auch zerlegt wurde, aufgenommen im Herbst 1976.

56 — (rechts) Aufnahme des bewährten Drehgestells Langenschwalbacher Bauart. Das rechte Achslager trägt die Aufschrift K.P.E.V. (Königlich Preußische Eisenbahn Verwaltung), während auf dem linken Achslager P.St.E.V. (Preußische Staats-Eisenbahn Verwaltung) steht. Diese Bezeichnung führten die Wagen im preußischen Reichsteil von 1919 bis 1924.

57 — Ein heute noch betriebsbereiter Langenschwalbacher: C4id-pr23 050105 des historischen Zuges „Hessencourier", ex 79994 Frankfurt, ex Frankfurt 485.

58 — ... und so sah der Wagen aus, als ihn die „Eisenbahnfreunde Kassel" von der DB kauften!